t achete

nce supé

combien

(...) + le

s

e

la grêle par

rges : ils cou

uits, ils abi-

e les vitres

cultivateur le

grands dég

a

a

ages

8.B

Le bassin

Son relief

son sol va

propre est

la Marne

On peut

grandes

Picardie,

Morvan,

la parti

la partie

Dans la collection
CARNETS DE SAGESSE :

PAROLES INDIENNES
par Michel Piquemal
PAROLES DU BOUDDHA
par Marc de Smedt
PAROLES ZEN
par Marc de Smedt
PAROLES DE LA GRÈCE ANTIQUE
par Jacques Lacarrière
PAROLES DE JÉSUS
par Jean-Yves Leloup
PAROLES DE LA ROME ANTIQUE
par Benoît Desombres
PAROLES DE SAGESSE JUIVE
par Victor Malka
PAROLES DE L'ISLAM
par Nacer Khémir
PAROLES DE L'ÉGYPTE ANCIENNE
par François-Xavier Héry
PAROLES DU TAO
par Marc de Smedt
PAROLES DE NATURE
par Jean-Marie Pelt
PAROLES DE SCIENCE
par Albert Jacquard
PAROLES D'AFRIQUE
par Gérard Dumestre

PAROLES CELTES
par Jean Markale
PAROLES SOUFIES
par Sylvia Lipa Lacarrière
PAROLES DES FRANCS-MAÇONS
par Jack Chaboud
PAROLES DES ROMANTIQUES
par Michel Piquemal
PAROLES DE CHAMANS
par Henri Gougaud
PAROLES DES SAGES DE L'INDE
par Marc de Smedt
PAROLES DU JAPON
par Jean-Hugues Malineau
PAROLES DE TOUAREGS
par Maguy Vautier
PAROLES DE PEINTRES
par Jean-François Domergue
PAROLES DU NOUVEAU MONDE
par Kenneth White
PAROLES DE MUSICIENS
par Françoise et Bertrand Ballarin
PAROLES DE SAGESSE CHRÉTIENNE
par Jean Vernette
PAROLES DE SAGESSE LAÏQUE
par Daniel Royo

Dans la série **PAROLES** :

PAROLES D'ESPOIR
par Michel Piquemal
et présentées par Marc de Smedt
PAROLES DE RÉVOLTE
par Michel Piquemal
PAROLES DE SÉRÉNITÉ
par Marc de Smedt
PAROLES DE FRATERNITÉ
par Michel Piquemal
et présentées par l'abbé Pierre

PAROLES DE NON-VIOLENCE
par Jean-Marie Muller
PAROLES DE PARESSE
par Michel Piquemal
PAROLES DE BONHEUR
par Christian Robin
PAROLES DE TOLÉRANCE
par Marc de Smedt
PAROLES DES POÈTES D'AUJOURD'HUI
par M. Piquemal et C. Barrère

Collection dirigée par Marc de Smedt et Michel Piquemal
Illustration de couverture : Philippe Roux

Loi 49 956 du 16 juillet 1949 sur les publications destinées à la jeunesse
Dépôt légal : premier semestre 1998
N° d'édition 11 172
ISSN 1248.8089 - ISBN 2 226 09060 6
Impression et reliure Pollina S.A. 85400 Luçon n° 73382

PAROLES DE SAGESSE LAÏQUE

Textes présentés et recueillis
par Daniel Royo

ALBIN MICHEL
CARNETS DE SAGESSE

À Lucette Lescano et Régis Iche, instituteurs laïques.

D. R.

Qui dit laïcité pense souvent école laïque et son long cortège de symboles : guerre scolaire et vieux poêle à bois, Jules Ferry et Grand Gibus, hussards noirs de la République et taches d'encre. Pourtant, et même si elle en constitue l'emblème majeur, l'école libre et gratuite n'est pas le seul enjeu de la laïcité qui trouve sa source et sa légitimité dans l'idée même de république.

L'article premier de la Constitution de 1946, repris dans celle de 1958, déclare : « La France est une République indivisible, laïque, démocratique et sociale. »

À l'heure où la montée de tous les intégrismes fait peser sur le monde la menace d'une mainmise du religieux sur le politique, il est bon qu'une grande nation « patrie des droits de l'homme » exprime ainsi de manière forte son particularisme et sa singularité. Cette prise de position est induite par deux principes qui fondent la pensée laïque : la liberté de conscience et l'égalité de tous devant la loi.

Cette conception principalement héritée du siècle des lumières est une « idée en mouvement » qui prend sa source bien avant Jules Ferry.

En affirmant que « l'homme est la mesure de toute chose », Protagoras apparaît peut-être comme l'inventeur de la laïcité. Disciple d'Épicure, Lucrèce dit de son œuvre qu'elle est « un élan passionné de libre pensée ». Après lui et par un paradoxe dont l'histoire est friande, l'Église des premiers siècles représente sinon la libre pensée, du moins la pensée libre. Hélas, qui dressera jamais le sinistre bilan des mille ans qui transformèrent les martyrs en bourreaux, les Blandine en Torquemada? Mais l'hérésie vaincue renaît de ses cendres. La pensée libre s'insinue, se renforce, se transforme. Du manichéisme à la Réforme, l'esprit de contradiction s'installe. Certains, à l'abri d'une orthodoxie de façade, posent des principes explosifs. Tel Abélard qui n'accepte pas une vérité de foi « parce que Dieu l'a dite, mais parce que la raison est convaincue » ou cet Oresme qui mourra évêque de Lisieux après avoir déclaré (deux siècles avant Copernic) que « la Terre est mue de mouvement journel et le ciel non » !

Et du luth des troubadours jusqu'aux salons du siècle des lumières, l'idée de Raison suit son chemin. À Pascal qui déclare : « La raison nous commande plus impérieusement qu'un maître ; car, en désobéissant à l'un, on est malheureux, et en désobéissant à l'autre, on est un sot », Spinoza répond : « Chacun doit conserver, et la liberté de son jugement, et son pouvoir d'interpréter la foi comme il la comprend. »

Cette indépendance de la raison vis à vis de la foi est le premier ressort sur lequel se fonde la pensée laïque qui trouve une dimension politique dans les révolutions anglaise, américaine et française. L'article 10 de la Déclaration des Droits de l'Homme et du Citoyen *: « Nul ne peut être inquiété pour ses opinions, mêmes religieuses... », assoit la liberté de conscience en même temps qu'elle marque le deuxième point fort de la pensée laïque : la séparation du politique et du religieux.*

Souvent présentes dans le discours et toujours en arrière-plan de leurs aspirations, l'espérance dans les progrès de la science et la confiance immodérée en l'homme nourrissent les grands penseurs laïques. C'est autour de cette double notion que se rassemblent Hugo, Jaurès et Buisson. Laïcité et droits de l'homme trouvent leurs racines communes

dans cet humanisme généreux et militant, consacrant la liberté de conscience comme principe fondamental.
Hélas, aujourd'hui encore, de nombreuses forces convergent autour de leur rejet. C'est ni plus ni moins la primauté du dogme sur la raison que revendiquent les républiques islamiques. Derrière la lutte contre l'avortement ou pour le retour à la peine de mort, c'est un combat contre l'humanisme en général qui se cache. Et l'égoïsme triomphant des nations riches, l'idolâtrie de ses serviteurs pour l'argent-roi, l'asservissement aveugle aux progrès incontrôlés d'une science « sans conscience » sont autant de nouvelles embûches sur le chemin de l'idéal laïque.
Alors, à tous ceux qui pensent que ce combat est un combat d'arrière-garde, il est capital de dire qu'on ne saurait se faire une idée pertinente de la situation en ne considérant que l'exemple français qu'on pourrait qualifier « d'exception française ». Le débat d'idées se joue désormais à l'échelle mondiale et la logique qui a guidé la construction de la laïcité en France doit aller de pair avec les droits de l'homme à l'échelon de la planète. Tant que quelque part dans le monde des êtres humains verront leur vie inféodée à une religion d'État, tant que certains seront privés de liberté et que d'autres seront en danger à cause de leurs convictions, le combat laïque sera d'actualité. Les textes qui suivent participent de cette actualité.
L'essor de l'idée laïque repose sur la vigilance de tous et sur une pédagogie patiente, déterminée et courageuse des droits de l'homme.
Puisse ce recueil rafraîchir la mémoire à nos consciences parfois assoupies !

Daniel Royo

EDOUARD PETIT et GEORGES LAMY
Jean
Lavenir
PARIS
Librairie d'Éducation Nationale
11, 18 ET 20, RUE SOUFFLOT

Pourvu qu'on ne plaisantât ni de Dieu, ni des prêtres, ni du roi, ni des gens en place, ni des artistes protégés par la Cour, ni de tout ce qui est établi ; pourvu qu'on ne dît du bien ni de Béranger, ni des journaux de l'opposition, ni de Voltaire, ni de Rousseau, ni de tout ce qui se permet un peu de franc-parler ; pourvu surtout qu'on ne parlât jamais politique, on pouvait librement raisonner de tout.

Stendhal

Tant qu'il y aura des hommes
qui n'obéiront pas à la raison seule,
qui recevront leurs opinions
d'une opinion étrangère, en vain
toutes les chaînes auraient été brisées,
en vain ces opinions de commande
seraient d'utiles vérités ; le genre
humain n'en resterait pas moins
partagé en deux classes :
celle des hommes qui raisonnent
et celle des hommes qui croient,
celle des maîtres et celle des esclaves…

Condorcet

NOS AÏEUX LES GAULOIS
SÉRIE INSTRUCTIVE RECOMMANDÉE POUR LES ÉCOLES
HÉROÏSME DE VERCINGÉTORIX
Le jeune et noble chef gaulois se constitue prisonnier
pour sauver ses guerriers de captivité.
(Siège d'Alésia, an 52 avant J.-C.)

Ouvrez une école
et vous fermerez une prison.

Victor Hugo

Offrir à tous les individus
de l'espèce humaine les moyens
de pourvoir à leurs besoins,
d'assurer leur bien-être,
de connaître et d'exercer leurs droits ;
Assurer à chacun d'eux la facilité
de perfectionner son industrie,
de se rendre capable des fonctions sociales
auxquelles il a droit d'être appelé,
de développer toute l'étendue des talents
qu'il a reçus de la nature,
et par là établir entre les citoyens
une égalité de fait, et rendre réelle l'égalité
politique reconnue par la loi :
Tel est le premier but d'une instruction nationale.

Condorcet

L'égalité de l'éducation ! Un grand nombre parmi vous se sont dit : quelle est cette utopie ? … J'ai pour but de vous faire connaître que cette utopie est dans l'ordre des choses possibles ! …
L'égalité, messieurs, c'est la loi même du progrès humain ! C'est plus qu'une théorie : c'est un fait social, c'est l'essence même et la légitimité de la société à laquelle nous appartenons…
La société humaine n'a qu'un but, qu'une loi de développement, qu'une fin dernière : atténuer de plus en plus, à travers les âges, les inégalités primitives données par la nature…

Jules Ferry

ACADÉMIE DE CAEN

RÉPUBLIQUE FRANÇAISE

INSTRUCTION PUBLIQUE

DÉPARTEMENT DE LA SEINE-INFÉRIEURE

CERTIFICAT D'ÉTUDES PRIMAIRES

L'Inspecteur d'Académie de la Seine-Inférieure, Chevalier de la Légion d'Honneur, Officier de l'Instruction publique,

Vu l'article 6 de la loi du 28 Mars 1882,

Vu le décret du 27 juillet 1882,

Vu les arrêtés des 24 juillet 1888, 31 juillet 1897 et 27 juillet 1908,

Vu le procès-verbal de l'examen subi par Mlle Miraux, Paule, Henriette, dans les conditions déterminées par les arrêtés susvisés.

Vu le certificat en date du 17 juin 1909, par lequel la Commission cantonale de Rouen siégeant pour la session de 1909 atteste que Mlle Miraux Paule Henriette née le 26 septembre 1897 à Rouen, département de la Seine Inférieure, a été jugée digne d'obtenir le Certificat d'études primaires élémentaires,

Délivre à Mlle Miraux, Paule Henriette le présent Certificat d'Études primaires élémentaires pour servir et valoir ce que de droit.

A Rouen, le 1er Août 1909

Signature du Titulaire

L'Inspecteur d'Académie

C'est à vous, républicains célèbres, que j'en appelle ; mettez ici tout le feu de votre imagination, mettez-y toute l'énergie de votre caractère : c'est le peuple qu'il faut doter de l'éducation nationale.
Quand vous semez dans le vaste champ de la République, vous ne devez pas compter le prix de cette semence. Après le pain, l'éducation est le premier besoin du peuple.

Danton

OISEAUX

SQUELETTE DE COQ

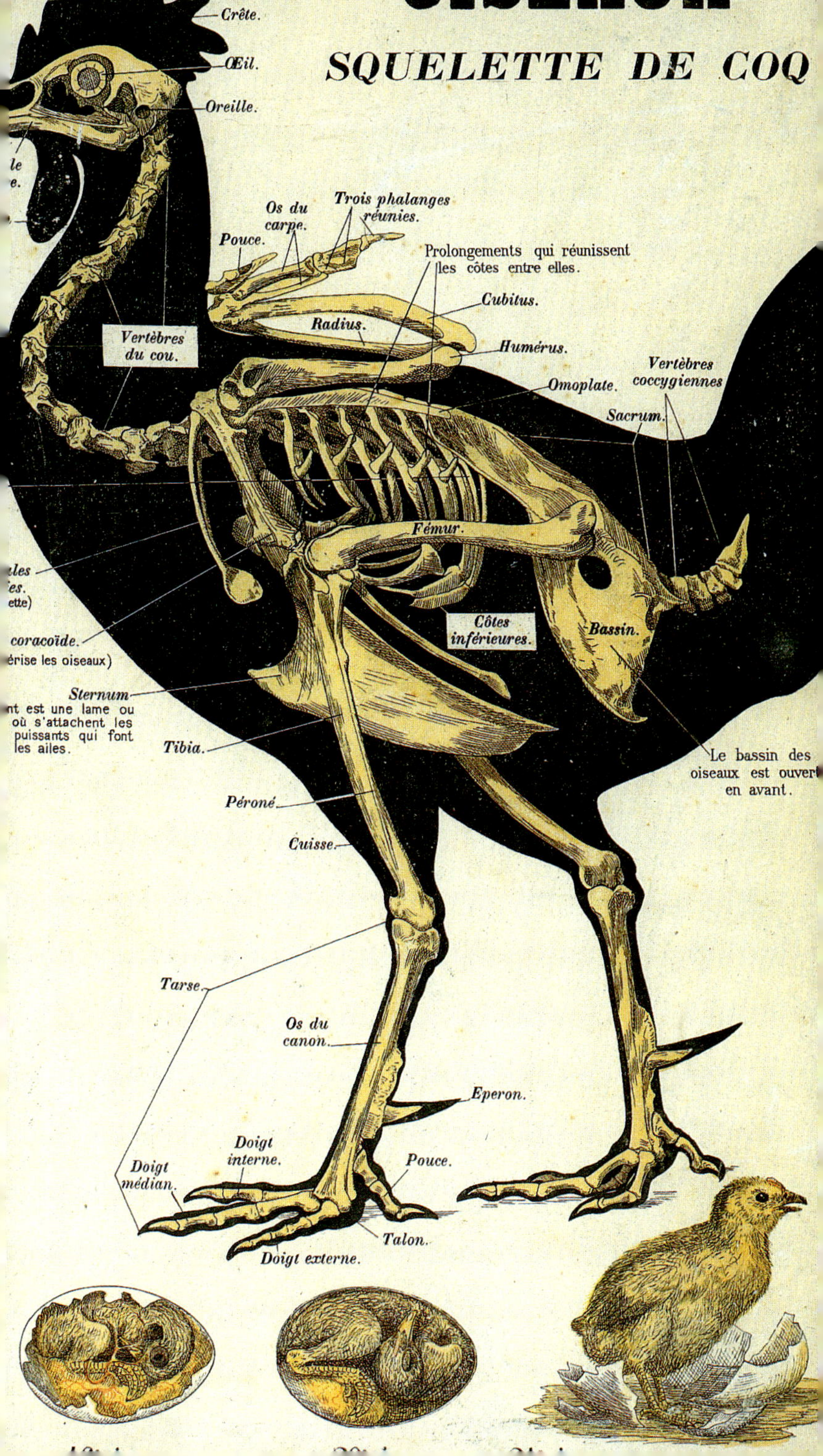

Il n'y a plus ni enseignement, ni éducation là où il n'y a plus de liberté de la pensée et de sécurité de parole. Qui n'est pas un homme libre, n'est pas un éducateur. Credo d'Église ou credo d'État, c'est également la mort de l'esprit.

Ferdinand Buisson

La fin dernière de l'État est la liberté.

Spinoza

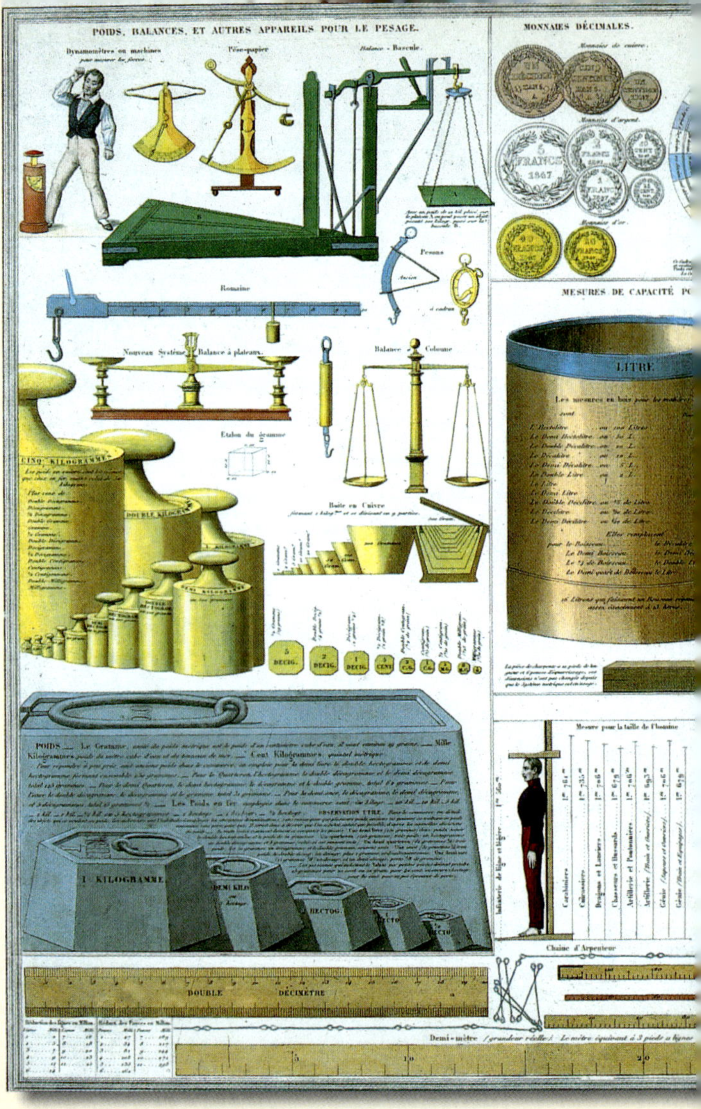

Je veux sincèrement, fermement, ardemment l'enseignement religieux, mais je veux l'enseignement religieux de l'Église, et non d'un parti… Je ne veux pas qu'une chaire envahisse l'autre ; je ne veux pas mêler le prêtre au professeur. Ou si je consens, moi législateur, je le surveille, j'ouvre sur les séminaires et sur les

congrégations l'œil de l'État, et j'y insiste, de l'État laïque, jaloux uniquement de sa grandeur et de son unité...

Je veux, je le répète, ce que voulaient nos pères, l'Église chez elle et l'État chez lui !

Victor Hugo

Le législateur a eu pour
premier objet de séparer
l'école de l'église, d'assurer
la liberté de conscience
et des maîtres et des élèves,
de distinguer deux domaines
trop longtemps confondus :
celui des croyances qui sont
personnelles et variables,
et celui des connaissances
qui sont communes
et indispensables à tous
de l'avis de tous.

Jules Ferry

Découvertes et Inventions modernes
LES VOITURES SANS CHEVAUX. — La faucheuse et le phaéton automobiles.
Collection C. CHARIER
Tous droits réservés

Cours complémentaire
2e année

20 mars 1931

dith Tabaroud

Texte : Montrez en termes précis que, s'il faut aimer son pays, il est bon de n'être pas chauvin.

6/10

Il faut aimer sa patrie c'est un sentiment noble et pur.

Tous les citoyens, sauf quelques rares exceptions, la respectent, essaient de ne pas la mettre à feu et à sang en réglant des différends entre

Nous sommes le pays qui a entrepris d'appliquer les seules lois de la race humaine au gouvernement des affaires humaines. Nous tentons les premiers cette grande expérience de montrer au monde un grand pays qui n'a qu'une morale et des institutions laïques, qui, prétendant se passer entièrement de l'appui du dogme, de la foi et de la peur, ne peut faire appel qu'à la Raison. Si la nation a voulu que ses établissements soient exclusivement laïques, c'est que, légalement et officiellement, le pays n'a ni dieu ni maître.

Ferdinand Buisson

Lettre à « Monsieur l'instituteur »

(…) Si parfois vous étiez embarrassé pour savoir jusqu'où il est permis d'aller dans votre enseignement moral, voici une règle pratique à laquelle vous pourrez vous tenir. Au moment de proposer aux élèves un précepte, une maxime quelconque, demandez-vous s'il se trouve à votre connaissance un seul honnête homme qui puisse être froissé de ce que vous allez dire. Demandez-vous si un père de famille, je dis un seul, présent à votre classe et vous écoutant, pourrait de bonne foi refuser son assentiment à ce qu'il vous entendrait dire. Si oui, abstenez-vous de le dire ; sinon, parlez hardiment : car ce que vous allez communiquer à l'enfant, ce n'est pas votre propre sagesse ; c'est la sagesse du genre humain, c'est une de ces idées d'ordre universel que plusieurs siècles de civilisation ont fait entrer dans le patrimoine de l'humanité. (…)

Jules Ferry

e
d
g
f
10
h
11
a
b
c
12
13
14
7
6
5
15
16
78
77
76
75
19
17
18
20
21
22
23
25
24
27
26
29
28
30
31
32

NOTRE ENNEMI L'ALCOOL

LE DÉMON DE L'IVROGNERIE

La morale, c'est bon pour les riches. Je le dis sans rire. Une vie pauvre est serrée par les évènements ; je n'y vois ni arbitraire, ni choix, ni délibération. Certaines vertus sont imposées ; d'autres sont impossibles. Aussi je hais ces bons conseils que le bienfaiteur donne au misérable. [...]

Je connais une maîtresse d'école maternelle qui a sincèrement essayé d'enseigner un peu de morale à ses petits ; mais les leçons lui rentraient dans la bouche : « Quel plaisir, mes petits amis, d'avoir une maison propre et claire ! » Mais elle rencontrait le regard d'un ou deux mioches qui n'avaient pour fenêtre qu'une tabatière et qu'une mansarde étroite pour trois lits.

« On doit changer son linge de corps, une fois par semaine. » Hélas ! Elle savait bien que si on lavait la chemise de ce tout-petit, elle s'en irait en charpie. Les dangers de l'alcoolisme, autre chanson ; mais comme elle allait faire le portrait de l'ivrogne, elle s'apercevait qu'elle pensait au père de ces deux jumeaux, qui commençaient à rougir de honte. Il y a des discours qui vous restent dans les dents.

Comment faire ? Ne point prêcher. Laver ceux qui sont sales, si on peut. Habiller ceux qui sont en guenilles, si on peut. Pratiquer soi-même la justice et la bonté. Ne pas faire rougir les enfants. Ne pas appuyer maladroitement sur leurs maux. Ne pas flatter, sans le vouloir, ceux qui ont la bonne chance d'être proprement vêtus et d'avoir des parents sobres. Non réellement, il vaut mieux parler d'autre chose, de ce qui est à tout le monde, du soleil, de la lune, des étoiles, des saisons, des nombres, du fleuve, de la montagne, de façon que celui qui n'a point de chaussettes se sente tout de même citoyen ; de façon que la maison d'école soit le temple de la justice, et le seul lieu où les pauvres ne soient pas méprisés.

Gardons nos sermons pour les riches ; et d'abord pour nous-mêmes.

Alain

1931. L'école gratuite, laïque et obligatoire fêtait ses cinquante ans. Je m'en souviens. J'y étais : pas très âgé, mais les yeux grands ouverts. Mon père, Inspecteur d'Académie, célébra cet anniversaire dans son département avec faste et piété…

… Je regardais dans les vitrines les portraits de ces hommes sévères qui avaient fondé cette école pour tous ; l'un en particulier, plus austère que les autres, au visage hérissé de piquants comme un marron de rentrée des classes : Jules Ferry le maître de tous les maîtres qui allaient faire de moi un homme.

J'apprenais un mot nouveau, le mot « laïc », dont je saurais plus tard qu'il ne signifie pas neutralité, encore moins agressivité ou sectarisme, mais ouverture…

1981. L'école fête aujourd'hui ses cent ans. Nous le savons, elle ne sent plus l'encre violette et la laine humide des manteaux séchant auprès du poêle. Dans un monde devenu plus rude et plus confortable à la fois, elle s'est vue dédaignée, attaquée, détournée, noyée sous des réformes contradictoires…

… L'instituteur a changé aussi, semble-t-il. Il n'est plus le juge, le seul arbitre… mais il fait toujours le même travail ardu et admirable… La même tâche lui appartient : celle d'éveiller des âmes et de faire naître des citoyens. La leçon demeure la même, la plus noble : celle des Droits de l'Homme. Celle qui s'écrivait de trois mots, étranges pour nous par la rime, sur le fronton de notre école de village : LIBERTÉ, ÉGALITÉ, FRATERNITÉ.

Cela s'enseigne. Cela ne se divise pas. Cela se vit. Cela ne s'oublie jamais. C'est ce que l'école m'a appris.

Claude Santelli

Une classe en l'an 2000, imaginée vers 1910.

Cahier d
Appartenant à
SÉRIE INSTRUCTIVE RECOMMANDÉE POUR LES ÉCOLES
FRANCE FERTILE
Charrue et Semoir
Le Labourage à vapeur
Labourage
à la charrue Polysoc
LE LABOURAGE

La laïcité n'est pas un dogme, n'est pas une religion, mais nous serions d'accord sur deux principes essentiels qui peuvent constituer une définition de la laïcité.
S'il y a une laïcité qui se définit comme le respect des consciences des parents et des maîtres, il y en a une autre, plus profonde peut-être, qui se définit par le respect, poussé jusqu'au scrupule, de la liberté spirituelle de l'enfant.
La première définition dans un pays divisé comme le nôtre, dans un pays frondeur… (heureusement frondeur) comme le nôtre, est la règle de la paix sociale ; et la seconde, c'est le principe de base de toute véritable éducation ; c'est ce qui sépare l'éducation de la propagande.
Au fond la laïcité c'est la liberté.

Clément Durand

Il faut qu'on puisse être athée
sans passer pour un scélérat
et croire en Dieu
sans être traité d'imbécile.

Seailles

LES NOMS DE NOS FILS
GEORGES CUVIER

5, 600
32, 349
420
38, 369
Bon de Calcul

Je suis, et tous les protestants avec moi, pour la laïcisation complète de l'État. L'État n'a pas, par fonction, à distribuer aux citoyens les vérités ou les erreurs de la religion. Il est sur un autre terrain : ce qu'il distribue, c'est la justice, la liberté, le bien-être. La religion est affaire de conscience, l'affaire de la conscience individuelle. L'État n'a qu'à s'abstenir complètement de toute participation et de toute action dans le domaine religieux, il a le droit et le devoir d'exiger en retour des Églises qu'elles ne se mêlent pas de vouloir le dominer, de le façonner à leur gré. Je pense que, dans cette appréciation du rôle de l'État vis-à-vis des Églises, je suis en communion d'idées avec tous les démocrates et un grand nombre de libres penseurs eux-mêmes.

Mais il en est d'autres qui rêvent de détruire par la loi toute Église et toute religion. Ils nourrissent le rêve criminel et insensé de tous les despotes, qui, toujours, ont voulu régner sur la conscience humaine, et se sont imaginé qu'ils en deviendraient les maîtres par la violence.

La liberté d'association doit être complète pour les catholiques, les protestants et les juifs, aussi bien que pour les libres penseurs et les francs-maçons.

Pasteur Louis Lafon

Être laïque, c'est ne point
consentir la soumission
de la raison au dogme
immuable, ni l'abdication
de l'esprit humain devant
l'incompréhensible,
c'est ne prendre son parti
d'aucune ignorance.
C'est croire que la vie vaut
d'être vécue, aimer cette vie…
ne pas admettre que
la souffrance soit providentielle,
c'est ne prendre son parti
d'aucune misère !

Ernest Lavisse

E. LAVISSE
HISTOIRE DE
FRANCE
cours élémentaire
L'enseignement de l'histoire aux tout petits doit être une suite d'histoires comme en racontent les grands-pères à leurs petits-enfants.
E. LAVISSE.
LIBRAIRIE ARMAND COLIN

A B C
F G H
K L M
P Q R
U V X
d g i l n q
a f k

Ce qu'il faut sauvegarder avant tout, ce qui est le bien inestimable conquis par l'homme à travers tous les préjugés, toutes les souffrances et tous les combats, c'est cette idée qu'il n'y a pas de vérité sacrée, c'est-à-dire interdite à la pleine investigation de l'homme ; c'est ce qu'il y a de plus grand dans le monde, c'est la liberté souveraine de l'esprit…
Si l'idée même de Dieu prenait une forme palpable, si Dieu lui-même se dressait visible sur les multitudes, le premier devoir de l'homme serait de refuser l'obéissance et de le traiter comme l'égal avec qui l'on discute, mais non comme le maître que l'on subit. Voilà ce qui est le sens et la grandeur et la beauté de notre enseignement laïque dans son principe, et bien étranges sont ceux qui viennent demander à la raison d'abdiquer, sous prétexte qu'elle n'aura jamais la vérité totale ; bien étranges sont ceux qui, sous prétexte que notre démarche est incertaine et trébuchante, veulent nous paralyser, nous jeter dans la pleine nuit, par désespoir de n'avoir pas la pleine clarté…

Jean Jaurès

Le courage, c'est d'aimer la vie
et de regarder la mort d'un regard
tranquille ; c'est d'aller à l'idéal
et de comprendre le réel ; c'est d'agir
et de se donner aux grandes causes
sans savoir quelle récompense réserve
à notre effort l'univers profond,
ni s'il lui réserve une récompense.
Le courage, c'est de chercher la vérité
et de la dire ; c'est de ne pas subir
la loi du mensonge triomphant
qui passe, et de ne pas faire écho,
de notre âme, de notre bouche
et de nos mains aux applaudissements
imbéciles et aux huées fanatiques.

Jean Jaurès

AU TROCADÉRO
La Fête des Écoles
ORGANISÉE PAR LE GOUVERNEMENT

Il y a eu les écoles fonctionnant malgré les bombes, les écoles où les enfants de couleurs différentes ne s'asseyent pas aux mêmes tables, les écoles où ne peuvent entrer que les privilégiés de la fortune… il y en a encore.

Il y a aussi des millions d'enfants sans école dans certaines parties de la planète Terre, car les plus grandes misères, les plus grandes tyrannies ont besoin de l'ignorance pour durer.

Un peuple qui vient de gagner son indépendance n'a de tâche plus urgente que d'apprendre à lire à ses enfants de tous âges.

Un peuple qui invente au fil des années une société plus humaine dévoile au monde les succès de son enseignement.

Partout où existent des inégalités, l'École ne suffit pas à créer la justice ; mais les hommes et les femmes qui construisent leur avenir ont besoin du savoir.

Le savoir pour l'enfant qui apprend à grandir, à découvrir le monde qui l'environne, le savoir du travailleur manuel ou intellectuel aux créations utiles à la collectivité humaine, y compris celui de l'artiste qui nous aide à voir, à écouter, à rêver,

le savoir pour dire oui
pour dire non
pour penser plus
pour agir mieux
pour rire en liberté
pour imaginer avec les autres
l'école où l'on apprend la vie, jour après jour.

Anonyme

Défilé du bataillon scolaire à la place de la République le 14 juillet 1883

Ô jeunesse, jeunesse ! je t'en supplie, songe à la grande besogne qui t'attend. Nous, les vieux, nous te laissons le formidable amas de notre enquête, beaucoup de contradictions et d'obscurités peut-être ; mais à coup sûr, l'effort le plus passionné que jamais siècle ait fait vers la lumière, les documents les plus honnêtes et les plus solides, les fondements mêmes de ce vaste édifice de la science que tu dois continuer à bâtir pour ton honneur et ton bonheur. Et nous ne te demandons que d'être encore plus généreuse, plus libre d'esprit, de nous dépasser.

Et nous te céderons fraternellement la place, heureux de disparaître et de nous reposer de notre part de tâche accomplie, dans le bon sommeil de la mort, si nous savons que tu nous continues et que tu réalises nos rêves.

Ne commets pas le crime d'acclamer le mensonge, de faire campagne avec la force brutale, l'intolérance et la voracité des ambitieux. La dictature est au bout. Jeunesse, jeunesse ! sois toujours avec la justice. Si l'idée de justice s'obscurcissait en toi, tu irais à tous les périls. Et je ne te parle pas de la justice de nos codes, qui n'est que la garantie des liens sociaux. Certes, il faut la respecter, mais il est une notion plus haute de la justice, celle qui pose en principe que tout jugement des hommes est faillible, et qui admet l'innocence possible d'un condamné, sans croire insulter ses juges. N'est-ce donc pas là une aventure qui doive soulever ton enflammée passion du droit ? Qui se soulèvera pour exiger que justice soit faite, si ce n'est toi qui n'es engagée ni compromise dans aucune affaire louche, qui peux parler haut, en toute pureté et en toute bonne foi ?

Comment ne fais-tu pas ce rêve chevaleresque, s'il est quelque part un martyr succombant sous la haine, de défendre sa cause et de le délivrer ? Qui donc, si ce n'est toi, tentera la sublime aventure, se lancera dans une cause dangereuse et superbe, tiendra tête à un peuple au nom de l'idéal de justice ? Et n'es-tu pas honteuse, enfin, que ce soient tes aînés, des vieux qui se passionnent, qui fassent aujourd'hui ta besogne de généreuse folie ?

– Où allez-vous, jeunes gens, où allez-vous, étudiants, qui battez les rues, manifestant, jetant au milieu de nos discordes la bravoure et l'espoir de vos vingt ans ?

– Nous allons à l'humanité, à la vérité, à la justice !

Émile Zola

A travers la Science (VULGARISATION)
ORPHELINAT D
POSTES
Collection C. CHARIER.
Tous droits réservés.
TELEGRAPHIE PNEUMATIQUE. – Dépêches expédiées dans des étuis, au moyen de l'air comprimé.
Cahier d................, appartenant à ....

L'intensification des rapports entre les cultures, entre les nations, entraîne la nécessité d'un noyau commun sur lequel tous seraient d'accord. Les religions ont autrefois tenté cette harmonisation en prétendant convertir l'humanité entière à la même foi. En ont résultées les odieuses guerres de religion. Il semble qu'aujourd'hui cette harmonisation pourrait être obtenue sur l'essentiel grâce à la lucidité apportée par les progrès de la science. Celle-ci propose une définition de la personne humaine qui aboutit à la nécessité du respect de chacun.

Albert Jacquard

La Laïcité pas à pas

Ier Siècle avant J.-C. : *De natura rerum* de Lucrèce, « un élan passionné de libre pensée, un long cri de guerre à la religion ».
313 : L'empereur Constantin promulgue l'édit de Milan qui accorde la liberté de culte aux chrétiens.
1303 : Excommunication de Philippe le Bel qui fait triompher la conception d'une monarchie laïque.
1598 : Édit de Nantes qui affirme la liberté de conscience et d'exercice du culte ainsi que la parité des droits politiques.
1785 : Louis XVI édicte des mesures de tolérance à l'égard des protestants et des juifs.
1789 : La liberté de conscience et de culte est proclamée dans la *Déclaration des droits de l'homme et du citoyen.*
1790-1792 : Laïcisation de l'état civil qui s'étend au mariage, au divorce, au calendrier, à l'enseignement et à l'assistance publique.
1801 : Concordat qui soumet les religions à l'État.
1833 : Loi Guizot qui décrète l'ouverture d'une école publique primaire dans chaque commune.
1871 : Apparition du terme « laïcité » dans le journal *La Patrie.*
1880 : * Disparition du repos dominical obligatoire ;
* Exclusion du conseil supérieur de l'instruction publique des autorités morales (évêques, pasteurs, membres du Conseil d'État…) ;
* Interdiction faite aux Facultés catholiques de se grouper en Université ;
* Ouvertures d'internats de jeunes filles ;
1881 : * Gratuité de l'enseignement ;
* Suppression du caractère confessionnel des cimetières ;
1882 : * Obligation scolaire de 6 à 13 ans et laïcité de l'enseignement
* Repos du jeudi consacré à l'enseignement religieux ;
1883 : Jules Ferry envoie sa lettre à « Monsieur l'Instituteur ».
1884 : Retrait de la prière publique avant la cession parlementaire.
1886 : Laïcisation du personnel enseignant.
1901 : Loi sur l'interdiction d'enseigner pour les congrégations.
1905 : Séparation de l'Église et de l'État.
1933 : Gratuité de l'enseignement public secondaire.
1946 : La République se déclare laïque dans sa constitution.

Crédits photographiques :

pages de garde et pages 5, 13, 17, 19, 22-23, 26, 27, 29, 38, 46 et 51 © INRP/ Musée national de l'Éducation, Rouen ;
pages 7, 10, 20, 25, 30, 34, 37, 41, 42-43 et 50 © collection Kharbine-Tapabor ; pages 14, 33, 45 et 48 © Jean-Loup Charmet

Source des textes :

Exergue : Herriot, Discours à la Chambre, du 24 Novembre 1927
Stendhal, *Le Rouge et le Noir*
Condorcet, Rapport sur l'instruction publique à l'Assemblée législative les 20 et 21 Avril 1792
Condorcet, *ibidem*
Jules Ferry, Discours sur l'égalité d'éducation
Danton, Discours à la Convention, le 13 Août 1793
Ferdinand Buisson, Discours du 19 Janvier 1910
Spinoza, *Traité théologico-politique*, 1665
Victor Hugo, Discussion de la grande loi Falloux, 16 Janvier 1850
Jules Ferry, Lettre aux instituteurs, du 17 Novembre 1883
Ferdinand Buisson, *La grande revue* du 10 novembre 1909
Jules Ferry, Lettre aux Instituteurs
Alain, Propos (13 novembre 1909) in *Propos*, Bibl. de la Pléiade, éd. Gallimard
Claude Santelli, cité in *Histoire d'école*, éd. La Farandole, 1982
Émile Zola, Lettre à la jeunesse
Clément Durand, *Laïcité et liberté*, éd. du SNI, 1946
Seailles, Discours au Congrès de la libre-pensée, in *Laïcité, sagesse des peuples*, éd. Fischbacher
Pasteur Louis Lafon, in journal *Le Siècle*, 1905
Ernest Lavisse, cité in *Laïcité* de J. Cornec, éd. Sudel, 1965
Jean Jaurès, cité in *Laïcité* de J. Cornec, ibidem
Jean Jaurès, *Discours à la jeunesse* (allocution de distribution des prix au lycée d'Albi, 1903), éd. F. Rieder
Anonyme, *Histoire d'école*, éd. La Farandole, 1982
Albert Jacquard, *Petite philosophie à l'usage des non-philosophes*, Calmann Levy, 1997

Bibliographie sommaire :

Laïcité sagesse des peuples, ouvrage collectif, éd. Fischbacher
M. Agulhon, *La Morale laïque, sa nécessité, ses limites*, in Cercle Condorcet, *Morale pour une société laïque*, éd. Ligue de l'enseignement, 1994
J. Bauberot, *Vers un nouveau pacte laïque ?*, éd. Seuil, 1990
J. Bauberot, *La Morale laïque contre l'ordre moral*, éd. Seuil, 1997
F. Buisson, *Dictionnaire* et *Nouveau Dictionnaire de pédagogie et d'instruction primaire*, respectivement 1887 et 1911
J. Cornec, *Laïcité*, éd. Sudel, 1965
G. Haarscher, *La Laïcité*, éd. PUF, 1996
M. et J. Ozouf, *La République des instituteurs*, éd. Gallimard et Seuil, 1992

de large et $0^{m},035$ d'épaisseur. C

215^{f} le m^{3}. On en fait polir la

rieure à raison de $4^{f},50$ le m^{2}.

revient la table ?

Réponse

La table revient au prix du mar

prix du polissage (...)

Solution

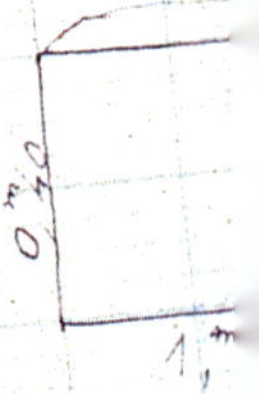

B

Volume total $1^{m},05 \times 0,4 \times$

$0,035 = 0^{m^3},0147$.

Prix du marbre $= 215^{f} \times 0,0147 = 3^{f},$

Surface $1^{m},05 \times 0^{m},4 = 0^{m^2},42$

Prix du polissage $4^{f},5 \times 0,42 = 1^{f},8$

Prix de revient $3^{f},1605 + 1^{f},89 = 5^{f}$

Exercice de Gramm

Copiez ce texte en remplaçan

les grêlons.

Les grêlons

Les grêlons causent de grands

chent les blés, ils hachent les

ment les légumes, ils brisent